DE LA CONDUITE

DE

L'EMPEREUR D'AUTRICHE

PENDANT

LES CAMPAGNES DE 1813 ET DE 1814,

ET

DE LA NÉCESSITÉ OU IL SE TROUVA DE DÉCLARER LA GUERRE A LA FRANCE.

PAR Ed. B........

PARIS,

LEBEGUE, Imprimeur-Libraire, rue des Rats, n° 14, près la place Maubert;
BLANCHARD, Libraire, Palais-Royal, galerie de bois, n° 249.
Et chez tous les Marchands de Nouveautés.

M. DCCC. XIV.

DE LA CONDUITE

DE

L'EMPEREUR D'AUTRICHE

PENDANT

LES CAMPAGNES DE 1813 ET DE 1814,

ET

DE LA NÉCESSITÉ OÙ IL SE TROUVA DE DÉCLARER LA GUERRE A LA FRANCE.

Rome seule a mes soins, mon cœur ne connaît qu'elle.
BRUTUS, *tragédie de Voltaire.*

Payer aux Princes alliés, qui viennent de nous apporter la paix, un juste tribut de louanges, s'empresser de leur témoigner toute sa reconnaissance, est le premier devoir de tous les Français, et celui qu'ils remplissent avec la plus douce satisfaction. Néanmoins on ne considère pas généralement, dans l'un de ces Monarques, toute l'étendue des sacrifices qu'il a faits, toute la générosité et la délicatesse de sa conduite ; je dis plus, quelques personnes interprètent, dans un sens absolument contraire, les divers motifs qui l'ont déterminé, qui l'ont poussé à faire ces sacrifices dont la grandeur les aveugle. En respectant leur opinion, j'ose me prévaloir de la mienne, qui est fondée sur des argumens que je vais simplement exposer ; ce n'est que parce qu'ils n'ont pas besoin du prestige de l'éloquence, et qu'ils ont toute force en eux-mêmes, que j'ai entrepris de lutter contre des jugemens qui m'ont paru illusoires et injustes.

En effet, l'Empereur d'Autriche, déjà cruellement trompé par Buonaparte, ne s'engagea pas volontairement dans la campagne de 1812. L'issue de cette campagne, qui ne fit qu'irriter la folle ambition du tyran de la France, dessilla les yeux du père de l'Allemagne ; il ne voulut point consentir à renouveler une alliance qui avait été si funeste, et qui ne pouvait que ruiner son Empire.

Napoléon, loin de consulter ses propres forces et d'imiter l'exemple qui lui était offert, persista à continuer la guerre, après avoir épuisé toutes les ressources qui lui restaient. Pressé d'accepter à Dresde une paix qui eût été honorable, il contraignit, par son opiniâtreté, l'Autriche même à se déclarer contre lui. Elle croyait le forcer à la paix ; mais quelle était son erreur ! Napoléon faire la paix ! le mot seul choquait son oreille.

Voilà donc l'Empereur d'Autriche contre nous : de là, ces opinions diverses que je n'espère pas détruire, mais que je vais combattre pour défendre celle que j'ai adoptée, parce qu'elle n'est point paradoxale.

Les uns s'imaginent qu'il aurait dû conserver la neutralité.

Les autres, qu'il aurait dû rester avec la France.

Ceux-ci, qu'il a montré de l'indécision (*).

Ceux-là, qu'il n'aurait pas dû détrôner sa fille.

Je répondrai que tout lui empêchait de garder la neutralité.

Buonaparte le premier, si le succès des armes eût été pour lui, n'aurait-il pas plus tard demandé raison de cette inaction, qu'il eût infail-

____

(*) Le mot *versatilité* rendrait mieux l'idée, s'il était permis de s'en servir.

liblement déclarée trahison ? Dans le cas contraire, ce même Buonaparte ne lui aurait-il pas encore attribué ses désastres ?

Les autres Puissances coalisées, dans l'une ou l'autre hypothèse, ne pouvaient-elles pas également, et avec plus de justice, demander raison à l'Autriche du refus qu'elle aurait fait de s'unir à elles, qui, jusqu'au dernier moment, ont manifesté le désir de s'accommoder ? Pouvait-on douter plus de la droiture des sentimens de l'Empereur Alexandre et du Roi de Prusse, que de celle d'un être qui se jouait des choses les plus sacrées ?

Cette neutralité offrait-elle en outre aux Alliés une garantie personnelle ? non, je ne crains pas de le dire ouvertement, la Russie, la Prusse ne devaient guère compter sur la bonne foi d'une nation qui, trois fois opprimée, refusait encore de prendre part au grand œuvre qu'elles avaient conçu, de ne poser les armes que lorsque le repos du monde serait assuré. N'y aurait-il pas eu témérité de leur part, de laisser sans de fortes garnisons les provinces avoisinant la Hongrie, la Bohême ?

N'y aurait-il pas eu témérité de ne pas laisser dans ces provinces des réserves qu'elles ont employées plus efficacement contre l'ennemi ? Par ces disséminations leurs armées se seraient considérablement affaiblies.

La Russie, la Prusse, je le repète, ne pouvaient agir promptement que de concert avec l'Autriche; et l'Autriche, lors même qu'elle n'y aurait eu aucun avantage particulier, ne pouvait sagement que les seconder.

D'ailleurs n'est - elle pas demeurée neutre aussi long-temps qu'elle a pu le faire sans se compromettre ? L'avons-nous vue entreprendre quelques hostilités pendant les six premiers mois de la campagne de 1813 ? Ce n'est qu'à la rupture de l'armistice : à cette époque elle ne devait plus balancer.

Passons à la seconde question.

Elle ne pouvait, ne devait pas non plus rester du parti de la France : trop long-temps, pour toutes deux, Buonaparte a su les réunir; oui, trop long-temps! Il eût été à désirer, pour elle et pour nous, qu'elle eût osé, qu'elle eût pu manifester plus tôt ses intentions : car celui qui avait enfanté le projet insensé d'asservir l'Europe entière, se serait-il jamais rassasié de carnage ! Fallait-il donc que les puissances qu'il avait déjà accablées décimassent annuellement leurs populations et toutes leurs ressources pour un fantôme de gloire qui seul l'éblouissait ! Telle était cependant la position de l'Autriche ; elle se trouvait forcée de déclarer la guerre à ses propres intérêts.

Ne voyait-elle pas aussi se machiner cette défection de la Confédération du Rhin, qui certes n'a pas été si subite, que les yeux même les moins clairvoyans n'aient pu en marquer toutes les gradations ? Napoléon seul était aveugle. Toutefois il feignait de ne point voir. La conduite du général de Wrede n'était pas problématique : elle était une. Ce général, à la tête de trente à quarante mille hommes, resté inactif pendant quelques mois, tandis que les circonstances les plus favorables se présentaient pour agir. Pourquoi n'agissait-il pas ? Qui a pu s'y méprendre ? il n'attendait que le signal. A ce signal nous apprîmes qu'il savait profiter des circonstances.

Au résumé, quoi de surprenant dans cette défection ? Protecteur de la Confédération, Buonaparte l'épuisait journellement par des réquisitions de tout genre. Après l'avoir ruinée pour satisfaire aux besoins de son armée, après avoir fait égorger une partie de ses citoyens, il y amena le théâtre de la guerre : devait-elle aimer un tyran qui, non content d'exercer sur les siens son affreux despotisme, l'étendait jusqu'à elle, en le couvrant d'un nom spécieux ?

La Westphalie, la Saxe, le Wurtemberg, la Bavière, n'aspiraient qu'au moment de briser le joug de fer qui pesait sur elles. Il fallait que l'Autriche abandonnât à la rage d'un seul homme, ses millions d'habitans ; et quel homme, grand Dieu ! celui qui, sans autre prétexte que le plaisir de guerroyer, était venu dévaster ses campagnes et brûler ses cités. Direz-vous encore qu'elle devait rester pour la France ? S'il en eût été ainsi, son Empereur se rendait complice du nôtre. Or, quelle fut la conduite de ce dernier ? quelle était sa maxime ? quel était le mobile de ses actions ? quel en est le résultat ? Victimes vous-mêmes (car qui n'est ou n'a pas été atteint !), je vous laisse juges. Si Buonaparte est criminel, que serait celui qui l'aurait secondé dans l'exécution de ses projets ?

Faisons acte d'égoïsme. Que nous importait que l'Empereur d'Autriche se fût compromis personnellement, qu'il eût compromis même la sûreté de ses sujets en abandonnant la coalition, si nous en eussions pu retirer un avantage quelconque ? mais je n'y vois que des maux plus grands ; car aurions-nous été assez puissans pour arrêter toutes les nations victorieuses déjà sur notre territoire ? La France, après avoir employé ses derniers moyens, pouvait-elle résister à l'irruption de la Russie, de la Prusse, de l'Espagne, du Portugal, de l'Angleterre et d'autres encore ? La guerre seulement se serait prolongée ; le résultat en eût été plus tardif pour eux, plus malheureux pour nous ; le père de famille, dont un fils a miraculeusement échappé au massacre général, aurait vu plus tard ce fils périr sous ses yeux ; lui-même n'aurait pas été sans danger. Tels sont les avantages qui auraient pu en résulter.

Mais voyons les choses d'un côté plus flatteur en apparence. Que la France ait pu arrêter ces nations, était-elle en état de les repousser? Il y avait ce me semble toute impossibilité. Il fallait donc accepter la paix, où éterniser une guerre qui, outre ses inconvéniens immenses, n'aurait pas tôt ou tard tourné en notre faveur : nous retombions en conséquence dans ces malheurs qui nous étaient réservés, en ne pouvant les contenir. Dans cette première supposition, nous aurions souffert moins long-temps des maux de la guerre.

Quant à la paix, il était inutile d'en venir à ces extrémités pour l'obtenir : elle nous a été offerte en différentes occasions.

Voyons enfin les choses de leur plus beau côté. Que nous ayons forcé l'ennemi à quitter notre territoire, à nous accorder des conditions très-honorables, nous n'étions que plus à plaindre : nous conservions Napoléon ; Louis XVIII ne nous serait pas rendu. Qui ne sait combien seulement on eût gagné à changer de gouvernant, et combien plus encore on gagne en recouvrant un des petits-fils de Henri IV !

Il ne me paraît pas plus raisonnable de reprocher l'indécision à l'Autriche ; elle n'en a montré évidemment en aucune circonstance depuis l'époque de sa coalition. Voici des preuves qui me semblent irrécusables.

En quelles mains sont tombées Mâcon, Bourg, Chambéri, Genève, Lyon, etc., etc.? Quelle est l'armée qui s'est avancée dans Nogent, Provins, Nangis, Montereau et Fontainebleau, tandis que Buonaparte poursuivait avec ardeur les débris de ces divisions tant de fois détruites? Enfin quelle est l'armée qui nous a battus sur l'Aube? Cette affaire, dont on ne nous a point parlé, a été sans doute bien désavantageuse à nos armes, pour qu'un bulletin n'ait pu la présenter comme une nouvelle victoire : on connaît cependant l'art ingénieux avec lequel il savait colorer ces prétendus succès qui ont amené les Alliés à nos portes.

Prétend-on traiter d'inconstance, d'indécision ce sentiment noble et généreux qui porta l'Empereur François à vouloir concilier la France avec ses puissans ennemis? Je me plais à ne le pas croire; ce serait une erreur étrange : quel caractère plus beau pour un souverain que celui de médiateur ! C'est ce caractère que l'Empereur d'Autriche avait choisi : il n'avait d'autre but que d'arrêter l'effusion du sang, dans l'intérêt général. Il a tout fait pour réussir : un seul homme s'y opposait.

Pour le congrès de Prague, les renseignemens que nous ont procurés les papiers publics prouvent l'empressement que Sa Majesté impériale y apporta; les démarches qu'elle fit, soit elle-même, soit dans la personne de ses ministres : sa résolution ultérieure en est une preuve non moins convaincante. Buonaparte ne voulait point d'arrangement.

Sur le point d'entrer en France, nouvelles propositions furent faites de la part des alliés ; nouveau refus de la sienne. Immédiatement après leur entrée sur le territoire, ces propositions furent réitérées : même résultat ; elles le furent ainsi plusieurs fois, quinze jours même avant l'occupation de la capitale. Quelles raisons furent alléguées au peuple pour ces refus journaliers ? aucunes : il ne le devait pas. Ses sujets avaient une confiance aveugle en son amour pour eux; ils étaient persuadés qu'il ne travaillait qu'à leur bonheur. (Certes, il y a travaillé sur les derniers temps plus qu'il ne le croyait.)

Ce dont on pourrait s'étonner, c'est que les coalisés aient renouvelé les propositions de paix, puisqu'ils ne doutaient pas du succès de leur entreprise. Ils ne voulaient que la paix, mais une paix durable ; ils ne couraient pas à de folles conquêtes, dans le désir d'agrandir leurs états aux dépens de la France ; ils ne cherchaient qu'à les affermir, et qu'à consolider l'indépendance de toutes les nations.

Je ne dirai pas ici qu'à la sollicitation et en considération de l'Empereur d'Autriche, les autres souverains n'aient pas consenti à réitérer leurs démarches plus qu'ils ne l'auraient fait d'ailleurs ; qui plus est, j'aime à me le persuader. Est-ce pour cela tenir une conduite versatile ? Est-ce pour cela montrer de l'indécision ? Non, il soutenait son caractère de médiateur. La nature parlait à son cœur ; ne pouvait-il, ne devait-il pas comme père éviter et craindre de perdre une fille innocente et malheureuse, en châtiant un coupable ? Il aurait désiré concilier le devoir aux droits de la nature : il l'a fait autant qu'il était en lui ; mais il n'y avait pas à balancer entre les deux. Un Prince se doit tout entier à son peuple ; il en est le protecteur, le père : ses sujets sont ses premiers enfans.

Obligé de rompre sa neutralité, de prendre parti contre la France, comme je l'ai démontré, l'Empereur pouvait-il, ainsi que le veulent quelques-uns, conserver le trône à Napoléon pour ne pas détrôner sa fille ? Oui, il le pouvait si Buonaparte l'eût voulu lui-même ; il le voulait. Les Alliés le voulaient aussi, mais à des conditions raisonnables. Ces conditions étant rejetées, rien ne devait lui faire oublier l'intérêt de la nation. Les premiers temps de la République romaine nous montrent, par deux exemples terribles, ce que doit à l'Etat celui qui est revêtu d'une autorité supérieure. Les Brutus, les Manlius Torquatus n'ont-ils pas sacrifié leurs enfans pour le salut de la patrie ? Qui n'admire leur mâle fermeté !

Ce sont précisément les sentimens paternels qui, de concert avec son esprit pacificateur, portaient l'Empereur d'Autriche à faire faire de fré-

quentes propositions qui lui ont attiré injuste-
ment le soupçon de versatilité et d'indécision.

L'Archiduchesse Marie-Louise, victime également-
ment de l'auteur des maux que nous avons souf-
ferts, est-elle maintenant, à bien considérer,
aussi malheureuse qu'on se l'imagine? C'est une
question que je ne puis résoudre ouvertement.
Je vais néanmoins m'efforcer de prouver le contraire. Sous quels auspices a-t-elle été appelée à
la couronne de France? A qui unissait-elle sa
destinée? A celui qui, pour la troisième fois, était
venu ravager, brûler, détruire en partie l'Empire le plus florissant; à celui qui était prêt à
renverser le trône de ses pères, qui ne fut sauvé
peut-être que par le dévouement qu'elle fit de sa
personne.

Cette infortunée Princesse ne trouva pas dans
la vie domestique plus de douceurs, plus de sentimens dans Buonaparte. Susceptible d'aucun
attachement sincère, pouvait-il en inspirer? On
me persuaderait difficilement qu'elle aimât ou
qu'elle eût aimé un monstre qui n'avait d'autre
plaisir que celui du tigre. Elle n'ignorait pas

qu'il fût en horreur aux Français, dont il était l'ennemi le plus déclaré (1).

Plus le sacrifice fut grand, plus il fait honneur à la Princesse qui s'immola en faveur de son père et au souverain qui y consentit en faveur de son peuple. Ils en reçoivent aujourd'hui le prix. Leur bonheur est le nôtre : il est celui de l'univers.

CONCLUSION.

Je viens de réfuter, d'une voix faible, il est vrai, mais par des raisons invincibles, les opinions de quelques personnes qui, sans être mal-intentionnées, portent un jugement inique sur un Prince qui ne l'a pas cédé en magnanimité à ses magnanimes alliés.

---

(1) Je n'ai pas jugé nécessaire ici de m'appesantir sur le caractère de Buonaparte, il est assez connu. On est bien convaincu qu'il était pénible non-seulement de vivre habituellement avec lui, mais même de l'approcher.

On a vu ce qu'était l'Archiduchesse Marie-Louise à son arrivée en France ; on l'a vue ensuite journellement. Qui n'était frappé du changement physique qui s'opérait en elle ! Quelle présomption, quelle conséquence ne peut-on pas en tirer !

Jusqu'ici je n'ai guère envisagé que le souverain. Comme père, un intérêt peut-être aussi puissant ne l'engageait-il pas à délivrer sa fille ? Victime des circonstances, elle tomba au pouvoir d'un vainqueur inhumain. Peut-on blâmer son père de la délivrer, lorsqu'avant tout il a consulté l'intérêt général, lorsqu'il a acquis la certitude qu'il ne fait que son devoir ? La nature alors reprend tous ses droits.

Oui, la conduite de cet Empereur, pendant cette guerre, est sans contredit un de ses plus beaux titres à l'immortalité. Elle fut dans le principe un dévouement héroïque pour le peuple ; elle est devenue un trait éclatant de la bonté paternelle. S'il n'avait adhéré au sacrifice que Buonaparte exigeait, l'Allemagne aurait été saccagée entièrement ; maintenant, pour défendre la même cause, il embrasse le parti contraire, et reçoit la récompense qu'il a si bien méritée : il contribue au bonheur universel, recouvre ses anciennes provinces, et une fille que l'infortune ne lui a rendue que plus chère.

Napoléon a fait tout son malheur ; il n'eut jamais d'ennemi plus acharné à sa perte que lui-même. Sa chute est son ouvrage : un Dieu juste la lui réservait.

Quant à nous, Français, applaudissons-nous de n'avoir trouvé chez des nations qui avaient tant de maux à venger, que des libérateurs généreux et sensibles qui n'ont vu qu'un coupable. Un changement aussi subit que désiré cicatrise toutes nos plaies : les Bourbons nous sont rendus.

F I N.

www.ingramcontent.com/pod-product-compliance
Lightning Source LLC
Chambersburg PA
CBHW061157050726
47594CB00008B/3448